The Ap...

C...
Pr...

in Irish and English

Compiled by James O'Donnell
Illustrated by Brian Fitzgerald

Appletree Press

First published in 1996 by
The Appletree Press Ltd
19-21 Alfred Street
Belfast BT2 8DL

The Appletree Book of Celtic Proverbs

A catalogue record for this book is
available from the British Library.

ISBN 0 86281 572 X

9 8 7 6 5 4 3 2 1

Introduction

Proverbs crystallise the most common of human judgements and experiences. As a result, the same proverb can occur in many different languages, since the essentials of human needs remain the same across the globe.

But each different society gives its proverbs a tincture of their own. This is very true of Celtic society, with its emphasis on honour, hospitality, courage, and its taste for the poetic. These Gaelic proverbs, like little geological cores raised up from far-buried strata, give us a set of insights into a society now gone. It was a rural society of farmers and hunters, with time to fight as well as time to make verses. Its wealth was counted in cows and corn rather than in cash. Gaelic proverbs reflect this closeness to nature and an attachment to the rhythm of the year. The short, ironic comment, often intended as a delicate put-down or a reminder of human fallibility, is dear to the Celtic mind, and from such a base, proverbs emerge quite naturally, and with distinctive wit and pithiness.

And, though that Celtic society is long gone, its proverbs remain and still, perhaps, give a special insight into the minds of their descendants. They are part of what makes us what we are.

D'fhear cogaidh comhalltar síocháin.

To a man prepared for war, peace is assured.

Is cuma leis an óige cá leagann sí a cos.

Youth does not mind where it sets its foot.

Ní hé lá na gaoithe lá na scolb.

The windy day is not the day for thatching.

Giorraíonn beirt bóthar.

Two shorten the road.

*Is uaigneach an níochán nach mbíonn
léine ann.*

It is a lonely washing line that has no
man's shirt on it.

Ní gnách cosaint ar díth tiarna.

Rarely is a fight continued
when the chief has fallen.

Beagán agus a rá go maith.

Say little but say it well.

Múchadh feirge sofhreagra.

A soft answer turns away anger.

*An té ná gabhann comhairle gabhadh
sé comhrac.*

Let him who will not take advice have conflict.

Bíonn an fear deireanach díobhálach.

One should not leave things too late.

Níl aon leigheas ar an ngrá ach pósadh.

The only cure for love is marriage.

Is beag an rud is buaine ná an duine.

The smallest of things outlives the human being.

Síleann do chara agus do
namhaid nach bhfaighidh tú bás choíche.

Both your friend and your enemy think
that you will never die.

Binn béal 'na chónaí.

The mouth that speaks not is sweet to hear.

Nuair a bhíos an braon istigh
bíonn an chiall amuigh.

When the drop is inside, the sense is outside.

Namhaid ceird mura gcleachtar.

Practice makes perfect.

Dá fhad lá, tagann oíche.

Even the longest day has its end.

Is buaine bladh ná saol.

Fame lives on after death.

*Éist le fuaim na habhann agus
gheobhaidh tú breac.*

Listen to the sound of the river
and you will get a trout.

Múineann gá seift.

Need teaches a plan.

Is iad na muca ciúine a itheas an mhin.

It is the quiet pigs that eat the meal.

Nuair a thiocfas an bás ní imeoidh sé folamh.

When death comes it will not go away empty.

Is iomaí craiceann a chuireas an óige di.

Youth sheds many a skin.

Ní scéal rúin é ó tá a fhios ag triúr é.

It is not a secret if three know it.

Bíonn súil le muir ach ní bhíonn súil le tír.

There is hope from the sea but
there is no hope from the land.

Is gaire do bhean leithscéal ná a naprún.

An excuse is nearer to a woman than her apron.

Ní choirtear fear na héadála.

One does not tire of a profitable occupation.

Ní uasal ná íseal ach thuas seal agus thíos seal.

It is not a matter of upper or lower class
but of ups and downs.

Bíonn gach tosach lag.

Every beginning is weak.

As an obair a thagann an fhoghlaim.

Learning comes through work.

Ná tabhair taobh le fear fala.

Trust not a spiteful man.

Is milis á ól é ach is searbh á íoc é.

The wine is sweet, the paying bitter.

Giorra cabhair Dé ná an doras.

God's help is nearer than the door.

Fearr seanfhiacha ná seanfhala.

Better old debts than old grudges.

Is trom cearc i bhfad.

A hen is heavy when carried far.

Uain ná taoide ní fhanaid le haon duine.

Time and tide wait for no man.

*Bíonn an bás ar aghaidh an
tseanduine agus ar chúl an duine óig.*

Death is in front of the old person and at
the back of the young person.

Ní thagann ciall roimh aois.

Youth will have its fling.

*Is é do mhac do mhac go bpósann sé ach
is í d'iníon go bhfaighidh tú bás.*

Your son is your son until he marries but your
daughter is your daughter until you die.

An beagán, go minic, a fhágas roic sa sparán.

A little, often, leaves wrinkles in the purse.

An áit a bhfuil do chroí is ann a
thabharfas do chosa thú.

Your feet will bring you to where your heart is.

Níl aon dlí ar an riachtanas.

Necessity knows no law.

Buann an fhoighne ar an chinniúint.

Patience conquers destiny.

Is maith an scáthán súil carad.

A friend's eye is a good mirror.

Ceileann searc ainimh is locht.

Love is blind to blemishes and faults.

Ar scáth a chéile a mhaireas na daoine.

Man is a social animal.

Mol an óige agus tiocfaidh sí.

Praise the young and they will flourish.

Ní caidreamh go haontiós.

One must live with a person to know that person.

I ngan fhios don dlí is fearr bheith ann.

It is better to exist unknown to the law.

Is beag an dealg a dhéanas sileadh.

Even a small thorn causes festering.

Déanann gach moch a ghnó.

The early bird catches the worm.

Ní théann urraim thar dhoirteadh fola.

Reverence ceases once blood is spilt.

Drochubh, drochéan.

A bad egg, a bad bird.

*Ní hí an bhreáthacht a chuireann an
crocán ag fiuchadh.*

Beauty will not make the pot boil.

Tar éis a chítear gach beart.

It is afterwards that events are best understood.

Buan fear ina dhúiche.

A man lives long in his native place.

Ná bris reacht is ná déan reacht.

Neither break a law nor make one.

Is ceirín do gach créacht an fhoighne.

Patience is a poultice for all wounds.

Tá onóir ag an aois agus uaisle ag an óige.

Age is honorable and youth is noble.

*Mura gcuirfidh tú san earrach ní
bhainfidh tú san fhómhar.*

If you do not sow in spring you will not reap in autumn.

Dá fheabhas é an t-ól is é an tart a dheireadh.

Good as drink is, it ends in thirst.

I gcosa duine a bhíos a shláinte.

A person's health is in his feet.

Ceileann súil an ní ná feiceann.

The eye shuns what it does not see.

Is cuma le fear na mbróg cá leagann sé a chos.

The man with the boots does not mind
where he places his feet.

Ní easpa go díth carad.

There is no need like the lack of a friend.

Tús agus deireadh an duine
tarraingt ar an tine.

The beginning and end of one's life
is to draw closer to the fire.

Cibé a théann as nó nach dtéann,
ní théann fear na hidirghabhála.

No matter who comes off well,
the peace-maker is sure to come off ill.

An té a dtéann cáil na mochéirí amach dó
ní miste dó codladh go méan lae.

He who gets a name for rising early
can stay in bed 'til noon.

An uair a bhíonn do lámhi mbéal an mhadra,
tarraing go réidh í.

When your hand is in the dog's mouth,
withdraw it gently.

Molann an obair an fear.

The work praises the man.

Ní neart go cur le chéile.

There is no strength without unity.

Ní dhéanfadh an domhan capall rása d'asal.

You can't make a silk purse out of a sow's ear.

Ní bhíonn an rath ach mar a mbíonn an smacht.

There is no luck except where there is discipline.

Ag duine féin is fearr fios cá luíonn a bhóg air.

The wearer best knows where the shoe pinches.

Bíonn grásta Dé idir an diallait agus an talamh.

The grace of God is found between the saddle
and the ground.

*An té a thabharfas scéal chugat tabharfaidh
sé dhá scéal uait.*

He who comes with a story to you
will bring two away from you.

*Ná nocht d'fhiacla go bhféadfair
an greim do bhreith.*

Do not show your teeth until you can bite.

Bíonn dhá insint ar scéal agus dhá leagan déag ar amhrán.

There are two versions of every story and twelve versions of every song.

Maireann croí éadrom i bhfad.

A light heart lives long.

Bíonn an rath i mbun na ranna.

There is luck in sharing a thing.

De réir a chéile a thógtar na caisleáin.

It takes time to build castles.

Ní mhaireann rith maith ag an each i gcónaí.

The steed does not retain its speed forever.

Cuir síoda ar ghabhar agus is gabhar i gcónaí é.
Put silk on a goat and it is still a goat.

*Is é an tart deireadh an óil agus is
é an brón deireadh na meisce.*

Thirst is the end of drinking and sorrow
is the end of drunkenness.

Ní thuigeann an sách an seang.

The well-fed does not understand the lean.

Is í an dias is troime is ísle a chromas a ceann.

The heaviest ear of grain bends its head the lowest.

Is fearr glas ná amhras.

Better be sure than sorry.

Mar a bhíos an cú mór a bhíos an coileán.

Like father, like son.

Teagmhíonn na daoine ar a chéile,
is ní theagmhaíonn na cnoic ná na sléibhte.

Men may meet but mountains never greet.

Is túisce deoch ná scéal.

A drink precedes a story.

Obair ó chrích obair bhean tí.

Work without end is housewife's work.

Is olc an chearc nach scríobann di féin.

It is a bad hen that does not scratch for herself.

Dána gach madra i ndoras a thí féin.

Every dog is brave on his own doorstep.

Is fada an bóthar nach mbíonn casadh ann.

It is a long road that has no turning.

Ní ar aon chois a tháinig Pádraig go hÉirinn.

It was not on one foot that St Patrick came to Ireland.

Coinnigh an cnámh is leanfaidh an madra thú.

Keep hold of the bone and the dog will follow you.

Ní choinníonn an soitheach acht a lán.

A vessel holds only its fill.

*An té a bhfuil bólacht ar cnoc aige ní
bhíonn suaimhneas ar sop aige.*

He who has cattle on the hill will not sleep easy.

Druid le fear na broid agus gheobhair conradh.

Go to a man who is in difficulty and you'll get a bargain.

Níl aon tinteán mar do thinteán féin.

There is no place like home.

Uaisle a éisteas le healaíon.

It is a sign of nobility to patronise art.

Minic a mheath dóigh is a tháinig andóigh.

Often have the likely failed and the unlikely prospered.

Is furasta deagadh ar aithinne fhorloiscthe.

Burning embers are easily kindled.

An rud a líonas an tsúil líonann sé an croí.

What fills the eye fills the heart.